NOTICE HISTORIQUE

SUR LES

INHUMATIONS PROVISOIRES

DES VICTIMES

DES JOURNÉES DE JUILLET 1830.

PARIS. —IMPRIMERIE D'FD. PROUX,
Rue Neuve-des-Bons-Enfans, 3.

NOTICE HISTORIQUE

SUR LES

INHUMATIONS PROVISOIRES

FAITES

SUR LA PLACE DU MARCHÉ DES INNOCENS,

DEVANT LA COLONNADE DU LOUVRE, ETC.,

OFFRANT LE RÉCIT VÉRITABLE ET DÉTAILLÉ
DES CIRCONSTANCES QUI ONT PRÉCÉDÉ, ACCOMPAGNÉ ET SUIVI
CES INHUMATIONS.

PAR N.-M. TROCHE,

Chef de bureau de l'état-civil du 4ᵉ arrondissement de Paris.

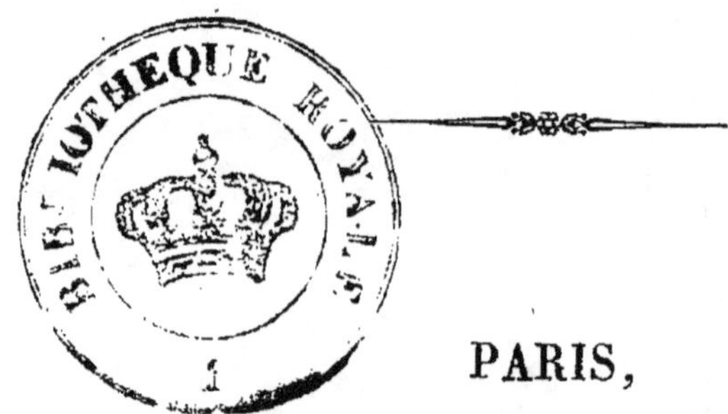

PARIS,

CHEZ DELAUNAY, LIBRAIRE,
AU PALAIS-ROYAL;

ET A L'ANCIENNE MAISON POSTEL,
RUE DE LA MONNAIE, 22.

—

1837.

AVANT-PROPOS.

Cette notice, écrite en 1830, sous l'impression de récens souvenirs, et dans le seul but d'accomplir un devoir dicté par la reconnaissance, n'était point destinée à recevoir les honneurs de la publicité. Son auteur, dont la triste, mais volontaire mission s'est accomplie sous les yeux de tous les habitans du quatrième arrondissement municipal de Paris, ne fut l'objet d'aucune mention spéciale dans les journaux de l'époque. Jusqu'aujourd'hui les circonstances qui signalèrent les inhumations provisoires faites sur le territoire de cet arrondissement, des victimes des graves événemens qui renversèrent en quelques heures une dynastie de huit siècles, sont demeurées à peu près inconnues, ainsi que les procès-verbaux officiels qui constatèrent matériellement ces inhumations, et à la rédaction desquels l'auteur de cette notice fut appelé à prendre part.

Ce défaut de publicité d'actes officiels et historiques, a ouvert depuis sept ans un vaste champ aux versions les plus inexactes. Quelques hommes privés de la connaissance d'une infinité de faits intéressans, exagérant où indiquant mal le nombre des citoyens ensevelis dans les sépultures que l'on salue en trois endroits du quartier le plus populeux de cette vaste cité, ont mis en usage les ressources de leur imagination et exploité par des fables, quelquefois même par des calomnies, la crédulité publique.

C'est ainsi que, faute de connaître et d'avoir pu discerner le vrai d'avec le faux, l'auteur d'une brochure intitulée *Saint-Germain l'Auxerrois*, publiée en ce moment à la librairie historique de madame veuve Delamotte, à Paris, a osé affirmer que l'ancien curé de cette église paroissiale a refusé de prier pour les morts de Juillet : sur quelle preuve, nous le lui demandons, appuie-t-il cette assertion?

Nous dirons ici, pour l'instruction de l'historien

brief de la vieille basilique, et dans un esprit d'impartialité ayant pour seul motif de constater la vérité exacte d'un fait historique, que cet ecclésiastique, vénérable par son caractère sacerdotal, par son âge et par ses douleurs, et dont il ne nous appartient pas de prendre autrement la défense, n'avait pas quitté un instant son église, lorsque, transformée en ambulance, nous l'y trouvâmes, le 29 juillet, pansant et consolant les blessés, pendant que le bruit des combats de la rue retentissait autour des sacrés parvis et jusque sous les voûtes du saint Temple. Une conduite si pleine de charité et si conforme à l'esprit de son état, démontre jusqu'à l'évidence qu'il n'aurait pas refusé son auguste ministère lorsqu'il s'agissait d'enterrer les morts, si nous avions jugé nécessaire de le solliciter comme nous sollicitâmes, par un motif qui nous était personnel, celui du prêtre qui l'a représenté si dignement sur le terrain du Louvre.

Néanmoins il est juste de penser que si l'auteur de cette brochure eût été mieux renseigné, dépouillant alors toute prévention, il se serait abstenu d'affliger au fond de sa retraite, et de traduire encore devant un monde auquel il a renoncé, un vieillard que toutes les opinions s'accordent à respecter, mainte-

nant qu'il a consenti à faire un sacrifice dans l'intérêt de la religion et de l'ordre social.

Cette brochure, quoique écrite avec élégance,
renferme, outre des idées singulières sur la réouver-
ture du lieu saint, d'autres erreurs qui n'ont pu
échapper à celui qui publie la présente notice, car
déjà depuis deux années il s'occupe d'une *Histoire
complète* et ornée de gravures et plan de l'église royale
et paroissiale de Saint-Germain-l'Auxerrois, indiquant les divers établissemens religieux qui lui du-
rent leur origine, et qu'il se propose de publier ul-
térieurement.

L'antique collégiale de Saint-Germain-l'Auxerrois,
recommandée au pieux intérêt des habitans de Paris, par ses sépultures illustres et par tant de souvenirs historiques, qui reçut sous ses voûtes hospita-
lières les blessés de juillet 1830, et de laquelle sorti-
rent le prêtre et l'eau bénite qui sanctifièrent les tom-
bes du Louvre ; la vieille et intéressante basilique de
Saint-Germain, que M. le comte de Clarac a nom-
mée à si juste titre « *le Saint-Denis du génie, de la
» probité et du talent,* » vient enfin d'être restituée
au Seigneur. Le roi Louis-Philippe, après plus de

six années de viduité, a rendu aux besoins d'une grande population ce sanctuaire, dont la dégradation et la solitude étaient tout à la fois un malheur et une honte.

D'un autre côté, le gouvernement prépare dans le silence là translation solennelle et prochaine des morts de juillet dans une sépulture commune et plus convenable, et il a chargé le chef d'une entreprise de la capitale de faire un travail spécial sur cet objet.

C'est purement dans l'intérêt de la vérité historique, que sacrifiant toute considération personnelle, nous saisissons aujourd'hui l'à-propos de ces deux circonstances mémorables pour publier cette notice. Nous y joignons les procès-verbaux officiels et plusieurs documens authentiques, comme pièces justificatives. Nous osons espérer que le public indulgent voudra bien accueillir avec faveur la simplicité de notre récit, en considération de sa parfaite véracité. Cette publication pourra tout à la fois satisfaire sa curiosité et former un épisode intéressant de notre histoire contemporaine.

NOTICE HISTORIQUE

SUR LES

INHUMATIONS PROVISOIRES

DES VICTIMES

DES JOURNÉES DE JUILLET 1830,

FAITES SUR LA PLACE DU MARCHÉ DES INNOCENS,

DEVANT LA COLONNADE DU LOUVRE, ETC.,

OFFRANT LE RÉCIT VÉRITABLE ET DÉTAILLÉ
DES CIRCONSTANCES
QUI ONT PRÉCÉDÉ, ACCOMPAGNÉ ET SUVI CES INHUMATIONS.

J'avais résolu, malgré les instances qui m'ont été faites, de ne donner aucune publicité au douloureux ministère dont je me suis volontairement chargé dans les journées de juillet dernier; persuadé que celui qui fait une bonne action dans la vue d'être utile à ses semblables, en trouve la récompense dans son cœur et dans sa conscience, et que souvent la publicité, résultat d'une vanité qui diminue le mérite du service rendu, occasione à celui qui a eu cette faiblesse, des regrets de s'être mis en évidence.

C'est donc en violant cette résolution que je prends la plume par une déférence respectueuse envers un homme de bien. C'est sur l'invitation de M. Viguier aîné, membre de la commission des Récompenses nationales (1), que je vais entreprendre le récit des circonstances qui ont accompagné les funérailles des nombreuses victimes des événemens du mois de juillet 1830. Je sens que cette tâche est au-dessus des forces d'un homme qui n'est pas accoutumé à écrire, et que ce noble sujet est digne de la plume de nos grands historiens. Je réclame, par ce motif, l'indulgence de ceux entre les mains desquels tombera cet écrit, et les prie de ne le considérer que comme un document destiné à sauver de l'oubli des détails qui peuvent entrer dans les fastes

(1) J'ai su, après avoir écrit ceci, que cet excellent homme n'avait jamais fait partie de la commission des récompenses nationales. Voici ce qui explique la cause de cette erreur : J'étais alors accablé sous le poids d'une grande et subite affliction, et tout préoccupé des marques du vif intérêt que MM. Viguier frères me portèrent en cette circonstance, je crus que l'aîné était revêtu de cette qualité lorsqu'il m'exprima l'intention de transmettre mon récit à cette commission, comme document historique.

de notre histoire; c'est là en effet le plan qui m'a été tracé, et je le suivrai fidèlement.

Les scènes sanglantes des 27 et 28 juillet, le bruit du canon et de la fusillade m'avaient ému et jeté dans la consternation; nonobstant la protection subite de l'élite des négocians du quartier qui se constituait en garde nationale, l'arrivée à la mairie d'un grand nombre de personnes qui venaient y demander des armes, la vue des malheureux blessés qu'on amenait dans la cour pour les panser, le son continuel du tocsin, et enfin la certitude du danger où se trouvait la ville de Paris, avaient ravivé les douleurs aiguës d'une infirmité dont je suis affligé depuis plusieurs années, et qui augmente d'intensité selon que le moral est plus ou moins affecté en moi par quelque sensation soudaine, soit à l'aspect du sang versé ou d'un grave accident.

Ce fut dans cet état de chagrin et de souffrances que la journée du 28 et la nuit qui suivit s'écoulèrent. Le matin du 29, vers neuf heures, j'étais dans la salle du conseil municipal, auprès de MM. les maire et adjoints, depuis la veille en permanence alternative à la mairie, lorsqu'on vint donner avis qu'on avait déposé dans le corps-de-garde des sapeurs-pompiers, situé dans le bâtiment de la Halle-aux-Draps, des cadavres déjà en putréfaction tellement avancée, que les voisins éprouvaient de vives inquiétudes pour la salubrité publique, faisant observer qu'il était urgent de procéder de suite à leur inhumation, à cause de l'excessive chaleur de la température.

La difficulté était grande, il fallait faire ces inhumations sans l'autorisation de M. le procureur du roi, avec lequel il était devenu impossible de communiquer. Tout moyen de transport dans les cimetières de Paris était pareillement devenu impraticable, à cause des barricades établies dans les rues sur toutes les directions. Il fallait donc, dans l'intérêt sanitaire, agir promptement et faire ces inhumations dans l'intérieur de la ville. En conséquence, on décida qu'elles auraient lieu sur la place du Marché des Innocens, et que, vu les circonstances actuelles, les personnes décédées par suite de maladie, dans leur domicile, y seraient aussi inhumées (1).

Il convenait de savoir qui serait chargé personnelle-

(1) Il est dit aux procès-verbaux d'inhumations déposés aux archives de la mairie et envoyés par ampliation au ministère de l'intérieur et à la préfecture de la Seine, que la fosse avait été ouverte en ce lieu sur la demande de M. Duplessis et de quelques autres personnes y dénommées ; le fait est vrai ; mais nous avions eu d'abord la même pensée à la mairie, et cela est si positif et si évident qu'on doit bien croire que je n'en serais pas sorti pour vacquer à ce travail, sans qu'il y eût été préalablement décidé en quel lieu seraient faites ces inhumations.

ment de cette mission importante. Oubliant alors mon état de souffrances, et cédant au désir de compâtir à tant d'infortunes et de prodiguer ou des secours ou des consolations, je ne donnai point le temps de délibérer, je m'offris pour remplir ce triste et respectable devoir envers mes concitoyens. Mon offre étant acceptée, je demandai une délégation écrite, signée de M. le maire (1), et que MM. Lavilletelle, l'un des médecins chargés ordinairement de constater les décès, et Agy, ordonnateur des convois de l'arrondissement, m'assistassent, ce qui me fut accordé. Je dois rendre ici témoignage à ces messieurs du zèle qu'ils ont déployé en cette occasion, chacun dans leur attribution, et dire qu'ils ont eu une part bien active dans tout ce que je vais décrire.

Le danger était tellement imminent au moment où je commençais ce triste travail, que des porteurs, envoyés avec des bières pour enlever les corps des personnes décédées à domicile, furent en danger de perdre la vie ; malgré leur fardeau, qui cependant n'annonçait rien d'hostile, des coups de fusil furent tirés sur eux, ce qui les contraignit à plusieurs reprises de revenir sans avoir pu remplir leur fonction.

(1) Voir aux Pièces justificatives les trois délégations qui me furent données, nos 1, 2 et 3.

Etant accompagné de MM. Lavilletelle et Agy, j'arrivai vers dix heures dans le corps-de-garde des sapeurs-pompiers, à la Halle-aux-Draps, sur la façade de la rue de la Poterie; mes yeux furent frappés de l'horrible spectacle de dix-sept cadavres gisant sur le sol, baignant dans leur sang, sur lesquels la putréfaction avait fait et faisait des progrès rapides; partie nuds, un petit nombre complétement habillés, et le surplus n'ayant que des fragmens de vêtemens ou leur chemise. C'était par les soins de M. Duplessis, pharmacien-herboriste, rue de la Lingerie, que ces victimes de nos discordes civiles étaient réunies dans ce lieu étroit et rempli de miasmes contagieux qu'on avait peine à neutraliser par l'action d'un appareil à la *Guiton-Morveau.* Je fis connaître à cet homme secourable le motif de mon transport en ce lieu et le caractère dont j'étais revêtu; dès ce moment il facilita par tous les moyens possibles l'exécution de mon mandat.

Un tonneau, recouvert d'une planche, placé immédiatement auprès des cadavres, fut le bureau sur lequel je traçai des notes descriptives de chaque individu, dont M. Lavilletelle constatait l'état. L'infection en général et la nature des blessures de plusieurs ne m'ont pas permis, à mon grand regret, de prendre les signalemens. Dans cette impossibilité, j'ai pris des notes pour servir d'élémens aux procès-verbaux qui allaient être dressés ; dans ces notes j'ai décrit les plaies, j'ai consigné l'âge approximatif, les marques du linge, les objets particuliers qui pouvaient faire reconnaître ceux qui les portaient ; et en cette occasion, je ne puis me rappeler, sans un intérêt touchant, que parmi ces victimes se trouvait un vieillard vénérable, à tête chauve, qu'on me dit avoir été tué étant inoffensif à la porte de son domicile qu'il n'avait pu se faire ouvrir ; il portait sur sa poitrine un crucifix de mission, avec lequel je l'ai fait inhumer. A l'égard des individus déjà connus ou qu'on venait reconnaître, j'exigeais que l'acte de leur décès fût inscrit à l'instant même sur les registres de l'état civil.

Quatre heures furent employées à cette description préalable, ainsi qu'à accueillir et consoler une foule de personnes qui venaient me demander un père, un fils, un frère, un mari. Des scènes déchirantes, dans lesquelles je me trouvais toujours acteur, s'offrent encore à ma pensée ; je me bornerai à citer celle-ci. Une malheureuse femme enceinte vint me dire : «Je sais que » mon mari a été tué ; il doit être ici, permettez-moi de » m'en assurer.—Mais ma pauvre femme, vous ne pour» rez pas supporter la vue de tant de victimes !—Je m'en » sens le courage ! — Je ne puis vous accorder cela, votre

» situation exige cette précaution ; envoyez-moi quel-
» qu'un qui puisse reconnaître votre mari. — Il est
» facile à reconnaître, il a une tache noire auprès
» d'une oreille ; je vous en prie, laissez-le moi chercher, je vous assure que j'en aurai la force !!!..... »
J'y consentis, et au bout de quelques minutes mon
cœur fut déchiré par les sanglots de cette infortunée qui
se précipitait sur le corps inanimé et sanglant de son
époux.

Ces pénibles soins ne m'avaient pas fait négliger celui de faire creuser sur la place des Innoçens, au milieu
de la partie qui se trouve entre la fontaine et les abris du
marché, du côté de la rue de la Lingerie, une fosse d'à
peu près douze pieds de long sur sept de large et environ dix pieds de profondeur. M. Duplessis et ses élèves
avaient réuni les ouvriers et leur avaient procuré les
instrumens nécessaires ; et ces braves gens, la plupart
encore à jeun, étant exposés à un soleil brûlant qui leur
causait une soif inextinguible, malgré l'abondance des
rafraîchissemens que je leur faisais distribuer, s'acquit-
tèrent de ce travail avec un zèle empressé ; mais ce zèle
fut mis à une nouvelle épreuve : quand le pavé eut été
enlevé, et sous une couche de sable d'environ un demi-
pied de profondeur, nous découvrîmes dans une terre
noire et grasse une grande quantité d'ossemens, des dé-

bris de cercueils, et même des bières assez bien conservées qu'il fallut briser , et d'où s'échappèrent des miasmes tellement fétides, qu'un de ces pauvres ouvriers fut subitement suffoqué et que je fus obligé de faire verser de la chlorure en quantité suffisante pour que nous pussions continuer la fouille sans danger. Sur mon invitation, tous ces débris humains furent recueillis avec un soin religieux ; alors un des ouvriers vint mettre sous mes yeux une tête si bien conservée, qu'il m'en fit remarquer la cervelle agglomérée dans l'occipital, offrant encore de la consistance sous le doigt qui la pressait.

Une odeur infecte était également répandue sur toute la place ; elle était causée par un cheval tué en ce lieu, et qu'on y avait laissé après l'avoir écorché. Il me suffit de témoigner le désir de le voir enlever, et aussitôt des hommes de bonne volonté le traînèrent avec des cordes par la rue Saint-Denis jusqu'à la rivière où ils le jetèrent.

Les abords du dépôt et de la fosse étaient obstrués par une multitude qui gênait le service et empêchait d'approcher les agens nécessaires, ou les infortunés qui venaient réclamer leurs parens ou amis. Je remarquais surtout beaucoup de femmes et de jeunes filles, même d'une classe aisée, qui se pressaient pour voir plus fa cilement ce spectacle affreux et extraordinaire. En général, la douleur contristait tous les visages ; mais dans un grand nombre de personnes du sexe, la curiosité l'emportait sur les convenances, et je me vis plusieurs fois obligé d'adresser à l'assemblée des prières ou des invitations qu'on oubliait au bout d'un instant ; ce qui me força dans un mouvement d'impatience de m'écrier : « Des femmes honnêtes ne peuvent rester ici sans se compromettre ! » Je n'avais que six gardes nationaux armés pour contenir cette foule et faciliter le service ; ils étaient là volontairement et n'avaient pas été relevés depuis le matin ; deux d'entre eux gardaient le dépôt et les quatre autres étaient autour de la fosse pour protéger les travailleurs. Je m'avisai d'un expédient qui me réussit parfaitement ; le Louvre venait d'être pris, je pensai qu'il devait se trouver alors beaucoup d'hommes armés inactifs qui ne demanderaient pas mieux que de faire respecter les travaux pour la sépulture de leurs frères d'armes ; j'allai en conséquence le long de la rue Saint-Honoré, adresser mon invitation à tous ceux que je rencontrais ; peu me refusèrent, et je trouvai bientôt ainsi à ma disposition une force armée suffisante pour qu'on pût travailler librement et donner quelque solennité à ces pénibles fonctions, à ces étranges funérailles. Deux des hommes que j'avais ainsi recrutés et qui avaient bu, se prirent d'une querelle tellement vive que l'un d'eux s'arma d'une pince de fer qui avait servi à ôter le pavé et voulut en donner un coup dans le ventre de son adversaire; je me jetai à travers et au prix d'une légère contusion j'évitai peut-être un meurtre. Par des paroles de douceur, et sur l'observation que leur conduite devenait blâmable en tel lieu et pendant un service si digne de leur respect, je parvins à les réconcilier et à obtenir qu'ils continuassent paisiblement leur travail.

Pendant que je procédais à tout ce que je viens de rapporter, on apportait de divers points de l'arrondissement des cadavres, soit sur des brancards, soit sur les épaules; ils étaient environnés d'une foule d'hommes qui faisaient retentir les airs de cris de triomphe ou d'indignation; on m'en apporta entre autres deux sur un même brancard recouvert d'un linge et de quelques feuillages; ce triste cortége était précédé d'un homme sonnant de la trompette. Vers sept heures du soir on m'en amena seize dans une voiture venant du dehors de l'arrondissement, laquelle était traînée par des hommes qui faisaient aussi entendre des cris divers.

A peu près vers cinq heures et demie, j'avais été prévenu que dans l'église Saint-Germain-l'Auxerrois, où était établie une ambulance, se trouvaient des corps morts ; j'y allai, accompagné de M. Lavilletelle : nous y trouvâmes le vénérable curé, M. Magnin, occupé à donner des soins aux blessés et à leur offrir les consolations de la religion (1). Dans les chapelles derrière l'œuvre, et notamment dans celle patronale de Saint-Vincent, se trouvaient ces malheureux étendus sur des matelas ou sur de la paille et environnés de personnes qui leur administraient les secours les plus empressés. Dans l'œuvre étaient des dames qui préparaient le linge et la charpie nécessaires pour les pansemens ; le bureau en était couvert. M. le curé interrompit son charitable ministère pour venir mettre à ma disposition les corps de ceux qui avaient succombé. Nous traversâmes l'église et nous trouvâmes dans la petite chapelle de Sainte-Anne sept cadavres posés transversalement et la tête renversée sur les bancs servant à catéchiser les enfans. A quelques pas plus loin, sur le pavé et la tête posée sur une marche de la chapelle voisine, cinq autres ca-

(1) Lors de la profanation et du sac de cette vieille et sainte basilique, le 15 février 1831, et par suite de cette malheureuse émeute, au nombre des calomnies que la méchanceté ou un aveugle esprit de parti se plut à répandre sur M. Magnin, on insinua que lors des journées de juillet 1830, il avait abandonné son presbytère. Cette assertion, qui se trouve ici incontestablement démentie, aurait pu l'être alors dans un esprit de justice par des voisins, témoins oculaires, et ayant à leur disposition tous les moyens de publicité.

davres présentant, comme les précédens, des blessures plus ou moins graves ; plusieurs étaient vêtus, les autres n'avaient qu'une partie de leurs vêtemens, et ils exhalaient tous une odeur fétide presqu'insupportable ; mais il m'était réservé de voir dans ce lieu de bénédiction et de prières une scène encore plus déchirante : M. le curé me prit par la main et me conduisit à quelque distance de ces cadavres, vers le bas de l'aile de l'église où se trouve la chapelle de la Sainte-Vierge : là nous vîmes un infortuné couché sur un matelas, la tête posée sur un coussin de bergère ; il avait une blessure qui paraissait être le résultat d'un coup de mitraille ; il avait la moitié de la figure et l'œil droit enlevés ; il respirait encore et faisait entendre le râle de la mort. Je dis à M. le curé en le voyant : « Il ne souffre plus, et bien certainement » il n'y a plus en lui que la machine ! » Mais ma surprise fut aussi vive que ma douleur, quand après avoir entendu M. le curé lui adresser des paroles de paix et d'espérance, je vis ce moribond faire plusieurs signes de tête pour indiquer qu'il avait entendu et compris. Ayant demandé l'avis de M. Lavilletelle, je fis mettre cet homme sur un des brancards que j'avais fait amener et le fis porter à l'hôpital de la Charité ; et après avoir fait constater par un seul certificat du médecin, vu l'urgence, le décès des douze individus qui étaient sous mes yeux, j'ordonnai leur transport au dépôt de la Halle-aux-Draps; mais il n'y en fut amené que sept, les brancards ayant été pris pour porter les blessés à diverses ambulances.

Vers huit heures du soir commença la cérémonie de la sépulture; je fis ouvrir un passage à travers la foule, depuis la fosse jusqu'au lieu où les corps, au nombre de quarante huit, étaient déposés; des gardes nationaux formaient la haie; les corps furent apportés successivement par deux à la fois sur un brancard qui était précédé par l'ordonnateur des inhumations revêtu de ses insignes. Le plus grand silence régnait; tous les assistans étaient dans l'attitude la plus respectueuse et les hommes la tête découverte. Malgré la mauvaise odeur, la multitude se pressait et augmentait toujours. Le premier corps qui fut placé sur le lit de chaux que j'avais fait étendre au fond de la fosse, fut celui d'un garde national horriblement mutilé et couvert de son uniforme. On manifesta le désir de lui ôter son habit pour le conserver comme une noble dépouille; mais je m'y opposai, attendu la difficulté et la perte de temps que cela eût occasioné : il avait, outre plusieurs blessures, le bras gauche fracassé par la mitraille (1). Je fis placer

(1) Quelques personnes ont pensé, mais on ne pourrait l'assurer, que ce cadavre était celui de M. Miel, célèbre dentiste, très

auprès de lui deux infortunés, le fils entre les jambes de son père, et auprès d'eux le corps d'une dame enceinte (1) tuée dans son domicile, rue Saint-Honoré, au moment où elle fermait les volets de sa chambre pour empêcher son mari de s'exposer. Le lendemain 30, pendant que je continuais mon pénible travail, cet homme m'offrit une nouvelle scène de désolation. Prosterné à terre, la face presque dans la boue et les mains étendues vers la tombe, il appelait à grands cris sa malheureuse compagne. Ce ne fut que difficilement et à l'aide de quelques personnes que je parvins à l'arracher de ce lieu.

Le corps, dans une bière, d'une dame fort âgée, morte de maladie dans son domicile depuis quatre jours, fut placé immédiatement dans la fosse; il était complétement en putréfaction : car c'est particulièrement en allant chercher ce corps que les porteurs furent plusieurs fois en danger de perdre la vie et obligés d'y renoncer (2).

avantageusement connu sur le quatrième arrondissement, lequel fut tué, dit-on, le matin du 29 juillet, rue des Prouvaires, à la tête d'une compagnie de gardes nationaux, improvisée par ses soins.

(1) Anne-Adélaïde Elisé.

(2) C'était le corps de la dame veuve Ango, rue des Fossés-Saint-Germain-l'Auxerrois, n° 22. En ce moment on tirait du

Le dernier corps qui fut placé ce jour dans cette tombe fut celui d'un marchand de la rue de la Féronnerie, atteint d'une balle à la tête dans son domicile, où il était assis et occupé à écrire devant son secrétaire (1).

Tous ces corps furent placés par couches, entre lesquelles on jeta de la chaux sèche que l'on fit dissoudre avec de l'eau. Pour neutraliser les émanations, on versa abondamment de la chlorure désinfectante de *Labarraque*, et l'on distribua du vinaigre dont tous les travailleurs se frottèrent le visage et les mains. Pendant l'opération de la sépulture, un homme tenant un chaudron à anse, dans lequel brûlait de l'encens, faisait continuellement le tour de la fosse en l'agitant.

Il était nuit close lorsqu'un fort de la halle arriva sur le bord de la fosse opposé à celui où j'étais; il portait un fardeau qu'il tenait sur sa tête par la partie la moins large. Il s'en débarrassa en le jetant à terre. Je reconnus alors le corps d'un homme enveloppé d'un tissu noir. Je demandai quel était cet homme; le porteur me répondit que c'était *son ami*. J'insistai en demandant le nom du défunt; il me fut répondu qu'on ne le connais-

Louvre sur tous ceux qui, des rues voisines, approchaient de ses abords.

(1) Aimé-Théodore Cave-Chamot, âgé de 34 ans.

sait point. — « Il est surprenant, dis-je au porteur, que cet homme soit votre ami et que vous ignoriez son nom ? — Ah ! dit-il, c'est mon ami parce qu'il a été tué en combattant; mais du reste je ne le connais point. » Ayant vainement sollicité des renseignemens sur cet infortuné, je le fis inhumer.

Sur la demande de plusieurs personnes, j'avais consenti à laisser partager la fosse en deux parties (1). Là première ayant été entièrement remplie, je la fis recouvrir avec toutes les précautions sanitaires possibles. Dans cette partie ne se trouvent que les corps des ci-

(1) Comme il faut avant tout respecter l'ordre, je n'insistai point afin de ménager les esprits déjà assez exaspérés par les circonstances. On voulut, en enterrant séparément les militaires et les citoyens, établir une absurde distinction entre des malheureux que la mort avait également marqués de son sceau, et, en usurpant ainsi l'attribution de Dieu, *seul juge des vivans et des morts,* essayer de perpétuer, jusques dans un tombeau, la haine que quelques individus égarés exhalaient contre ces soldats morts victimes de l'obéissance passive. C'était insulter tout à la fois la religion et la nature, l'honneur et les bienséances que des sauvages se feraient un devoir d'observer. Toutefois on fut forcé par la nécessité de renoncer à ce triage barbare : amis et ennemis furent confondus et pressés ensemble dans la terre bénite du vieux cimetière, ainsi que le témoignent les détails ci-dessus. L'enceinte que l'on voit sur cette sépulture n'enserre que la moitié de la fosse; elle se continue à gauche en dehors de l'entourage, de sorte que ces croix, ces arbustes et ces drapeaux qui la surmontent, sont là seulement pour marquer la place où repose une partie de ceux qui périrent dans la terrible lutte de juillet 1830.

toyens qui ont participé aux combats livrés dans la ville de Paris, ou morts accidentellement ou par maladie, et les ossemens provenant des anciennes sépultures, que je fis réinhumer avec un soin respectueux.

Dans la seconde partie reposent les corps de huit militaires, tant suisses que gardes royaux et soldats du 15e léger, qui furent mis à part; et le lendemain je fis inhumer auprès de ces militaires sept autres cadavres, parmi lesquels sont ceux d'un garçon boucher de la rue aux Fers et d'un cordonnier de la rue de la Cordonnerie, tous deux morts en combattant pour la reddition du Louvre. Le corps de ce dernier me fut remis dans un cercueil, porté comme en triomphe par une foule d'hommes qui faisaient entendre les cris de vive la Charte ! Ce fut le dernier corps inhumé dans la tombe de la place des Innocens; je la fis combler pour aller ensuite continuer mon douloureux ministère devant la colonnade du Louvre.

Le nombre des personnes que j'ai fait inhumer en ce lieu est de cinquante-cinq. Immédiatement après les inhumations du 29, une croix, des fleurs, des emblèmes et une caisse pour recevoir les offrandes destinées à secourir les blessés, veuves et orphelins, furent placés sur le terrain; des lumières nombreuses l'entourèrent, et un factionnaire fut posé pour le protéger.

Tandis que l'on m'apportait ainsi de divers points les corps de tant de victimes dont je me voyais encombré, on alla de ma part demander au greffier de la Morgue si je pourrais lui en envoyer; il me fit répondre qu'il y en avait alors deux cent vingt-un dans son dépôt et qu'il ne s'y trouvait plus de place pour d'autres.

Pendant les inhumations du 29, et presque à la nuit, arriva un chariot qui contenait environ quarante cadavres, traîné avec des cordes par environ cent cinquante hommes sur deux files. Dans l'impossibilité de les inhumer en ce lieu, je me vis forcé de les refuser; le sinistre convoi se dirigea aussitôt vers Saint-Eustache; on m'a dit depuis que ces morts faisaient partie de cinquante-deux qui y furent déposés dans un caveau pendant plusieurs jours.

Aussitôt après la clôture définitive de la tombe des Innocens, le 30, je me rendis sur la place devant la colonnade du Louvre, du côté de la rivière, où des ouvriers m'avaient précédé pour ouvrir une fosse. Ceux qui m'accompagnaient s'occupèrent à en creuser une seconde. Je trouvai sur le terrain un grand chariot couvert et une voiture de la boulangerie mécanique remplis de corps morts en putréfaction tellement avancée, qu'il fut impossible de s'occuper de leur reconnaissance et de leur description. Je fis extraire de l'é-

glise Saint-Germain-l'Auxerrois les cinq corps restés
de la veille ; j'y en réunis deux autres trouvés au même
dépôt et dont je fis constater le décès ; et les sept furent
placés provisoirement sous des planches au pied du
chariot.

Pendant qu'on finissait de creuser la première fosse,
je vis apporter une grande croix de bois noirci, destinée à être placée sur la tombe des victimes ; cette vue
m'inspira une pensée qui ne pouvait qu'ajouter aux
émotions et au respect de la multitude qui environnait
l'enceinte. L'abbé Paravey, qui m'honore depuis long-
temps de son amitié, et dont l'esprit de charité et de
tolérance est si généralement connu sur notre arrondissement, s'offrit à ma mémoire ; je proposai à un
lieutenant de la garde nationale de l'appeler pour donner une auguste sanction à cet acte funèbre et un in-
terprète à la douleur du peuple. Cette idée lui parut
heureuse : nous nous adjoignîmes alors quatre gardes
nationaux (1) et nous fûmes au presbytère de Saint-
Germain-l'Auxerrois ; ces messieurs m'attendirent à la

(1) Toutefois ce ne fut pas sans quelques difficultés et des observations de la part de ceux-ci et de quelques autres qui restè-
rent sur le terrain, sur les inconvéniens et les dangers de cette
manifestation religieuse, observations auxquelles je mis fin en
déclarant que j'en prenais sur moi toute la responsabilité.

porte (1) ; je montai seul chez M. Paravey, et lui fis ma proposition qu'il accepta sans hésiter. Il se revêtit de ses habits de chœur et d'une étole noire; je marchais à sa droite ; un bedeau en robe nous précédait, tenant un crucifix, un vase contenant de l'eau bénite et une branche de buis pour faire les bénédictions et aspersions. Les gardes nationaux nous environnèrent, et le cortége traversa la rue des Prêtres-Saint-Germain-l'Auxerrois, la place devant l'église et arriva sur le champ de sépulture. Le vénérable prêtre commença la cérémonie par la bénédiction du terrain, et il procéda ensuite à celle de la croix. Tout était disposé pour l'inhumation ; on plaça, au fur et à mesure qu'on les faisait glisser sur une planche jusque dans la fosse, la première couche de cadavres sur un lit de chaux sèche, et il prononça sur eux les prières de l'absoute ; le lieutenant était à la gauche du célébrant, j'étais à sa droite, et nous répondions ensemble aux prières qu'il lisait

____

(1) On lit au procès-verbal du 30 juillet (voir Pièces justificatives, n. 4.) : « Quelques personnes ayant manifesté le désir » de faire intervenir un prêtre, M. Troche s'est chargé d'aller au » presbytère de Saint-Germain-l'Auxerrois pour en inviter un à » venir, etc..... » Le rédacteur de cet acte, en s'exprimant ainsi, a voulu tout simplement et succinctement constater l'adhésion officielle de ceux qui consentirent à m'accompagner au presbytère. C'est ce qui résulte d'ailleurs de la déclaration de M. l'abbé Paravey, insérée ci-après aux Pièces justificatives, n. 7.

dans un Rituel. Les prières de l'absoute furent réitérées sur chacune des deux autres couches de cadavres qui furent déposés dans cette tombe. Pendant l'inhumation, un soleil ardent qui planait sur nos têtes, rendait presque insoutenable la fétidité des exhalaisons, et outre les mesures de salubrité les plus minutieuses que je faisais exécuter, j'avais soin de faire respirer souvent du vinaigre au bon ecclésiastique qui exerçait si courageusement et dans une circonstance si cruelle son ministère de paix. On a dit bien souvent depuis, mais on n'exprimera jamais les profondes émotions, les marques du plus grand respect, le recueillement universel et le majestueux silence au milieu desquels se prolongea cette bénédiction funéraire, tandis que vingt-six victimes de l'une des plus épouvantables perturbations sociales dont nos annales puissent transmettre le souvenir à la postérité, la plupart entièrement nues, étaient rangées dans cette tombe (1). Un seul homme armé, ivre et de mauvaise mine, qui se trouvait à quelques pas derrière moi, manifestant du mécontentement,

(1) Parmi ces infortunés, le corps d'un homme d'une stature colossale, que la clameur publique désignait comme étant l'aumônier d'un régiment suisse qui avait défendu le Louvre, fixait particulièrement l'attention des assistans; mais comme il était complètement nu et que sa chevelure n'offrait rien de clérical, je n'ai pu avoir la preuve qu'il fût en effet ce qu'on le disait être.

proposa à un autre individu de me fusiller avec le prêtre, mais ceux qui se trouvaient près d'eux parvinrent à l'en empêcher (1).

La cérémonie religieuse étant terminée, nous reconduisîmes au presbytère M. l'abbé Paravey, avec les mêmes honneurs civils et militaires qu'il en était sorti. Arrivé à la porte, il témoigna à chacun de l'escorte, par des serremens de mains et même par des embrassemens, la vive reconnaissance qu'il conserverait à tous, dit-il, dans son cœur, d'avoir été choisi pour remplir ce pieux devoir envers des chrétiens (2).

Quand la fosse eut été comblée, après l'exécution exacte de toutes les précautions sanitaires, elle fut, comme à la place des Innocens, spontanément couverte de fleurs et d'emblèmes ; on l'environna de poutres :

(1) Cet homme, que beaucoup de personnes ont pu voir nous coucher en joue avec une carabine, s'était imaginé, d'après ce que l'on me dit au sortir de ce péril, que cette pieuse cérémonie était faite dans un but purement politique, et que nous voulions par ce moyen rendre un hommage exclusif aux Suisses morts sous les balles du peuple.

(2) Cette scène se passa sur le perron du portail méridional de l'église, rue des Prêtres, et ces paroles sont exactement celles que M. l'abbé Paravey adressa à ceux, dont je faisais partie, qui le reconduisirent au presbytère, et qu'il a eu l'attention de consigner dans l'attestation déjà citée. Peu de jours après ce respectable ecclésiastique a été décoré de la croix de la Légion d'honneur, juste et honorable récompense de son zèle et de son dévouement.

au milieu de l'enceinte on plaça une caisse pour recevoir les offrandes en faveur des blessés, des veuves et
orphelins, et un factionnaire fut chargé d'y veiller.

A cinq heures du soir du même jour, 30 juillet, je
fis inhumer, dans la seconde fosse que j'avais fait ouvrir
devant la colonnade du Louvre, le corps d'un vieillard
mort à son domicile et dont le décès avait été légale-
ment constaté ; cette inhumation eut aussi lieu devant
une multitude de spectateurs qui manifestèrent le plus
grand respect.

Il me restait pour la journée du 31 une tâche bien
importante à remplir, celle de faire les perquisitions
nécessaires pour connaître les inhumations provisoires
faites dans les rues ou dans les maisons par des particuliers et susceptibles de compromettre la salubrité publique (1). Il me fut donné avis que deux hommes tués
le 28 étaient inhumés dans la rue de la Cordonnerie,
au coin de celle du Marché-aux-Poirées, à la porte de
leurs domiciles ; que l'exhumation ne pourrait peut-être
se faire sans quelque difficulté de la part de leurs veuves,
qui désiraient qu'on les laissât en ce lieu. Outre M. Lavilletelle, médecin, et M. Agy, ordonnateur des convois funèbres, j'invitai M. Fouqueré, commissaire de

(1) Voir aux Pièces justificatives la Délégation, n° 3.

police du quartier des Marchés, à m'assister ; et par précaution, M. le maire m'autorisa à me décorer d'une écharpe noire frangée, comme marque distinctive de mes attributions, et douze gardes nationaux m'accompagnèrent.

Je fis ouvrir la fosse qui n'était couverte que de sable, et à environ un pied de profondeur nous trouvâmes les deux corps enveloppés de leurs suaires, dans l'état le plus complet de putréfaction, offrant sur la presque totalité de leur surface de larges taches verdâtres, et laissant échapper des miasmes si infects, qu'il était à peine possible de les supporter dans l'intérieur d'une maison voisine où je m'étais renfermé pour y dresser mon procès-verbal (1). Aussitôt après leur extraction, les deux cadavres, sur lesquels je fis verser de la chlorure, furent placés sur des brancards, recouverts de fleurs qui avaient été trouvées sur la tombe, et des hommes en grand nombre les chargèrent sur leurs épaules; l'escorte forma la haie, et ce lugubre cortége traversa en silence le long espace du lieu de cette scène à la place devant la colonnade du Louvre, au milieu d'une foule immense, parmi laquelle on remarquait généralement les hommes découverts. Les deux cadavres

(1) Voir ce procès-verbal aux Pièces justificatives, n. 6.

furent de suite inhumés dans la fosse restée ouverte, auprès du vieillard que j'y avais fait déposer la veille.

Après le service des inhumations, des hommes s'étant occupés, sur mon invitation, du nettoyage et de la désinfection du corps-de-garde où tant de cadavres avaient séjourné et dont le sol était imprégné d'un sang fétide, ils m'apprirent qu'ils venaient de trouver sous de la paille et parmi des décombres, le corps d'un enfant d'environ deux mois, renfermé dans une bière ; je procédai de suite à son inhumation au Louvre. Mais ayant su officiellement qu'on pouvait communiquer avec les cimetières hors Paris, je fis à l'instant combler cette seconde fosse qui renferme les corps de quatre personnes ; dans la première se trouvent vingt-six individus, formant un total de trente corps qui reposent devant la colonnade du Louvre.

Vers trois heures du même jour, je fus constater l'état sanitaire de la fosse pratiquée dans un ancien trou à chaux sur le chantier de construction du Louvre, du côté de la rue Froidmanteau, où sont inhumées vingt-cinq victimes des terribles journées. D'après l'ouverture que je fis faire de cette sépulture et l'enquête auprès de voisins qui avaient coopéré à cette inhumation, je fis constater par un procès-verbal (1) de M. François,

(1) Voir ce procès-verbal aux Pièces justificatives, n° 6.

commissaire de police du quartier Saint-Honoré, que j'avais invité à intervenir, qu'elle n'offrait aucun danger pour la salubrité publique. Ce fut en procédant à cette enquête, qu'un homme de mon escorte (1), en voulant me garantir de la foule qui me pressait, laissa échapper son fusil, qui me tomba lourdement sur la tête : l'angle de la baïonnette m'ouvrit une veine du front; un spectateur, ému de cet accident, s'empressa avec bonté de me secourir, et après avoir essuyé le sang qui coulait de ma blessure, il la recouvrit d'un morceau de taffetas d'Angleterre qu'il avait dans sa poche.

Le même jour, je fus constater dans la cour d'une maison, rue de la Cossonnerie, qu'un homme tué dans la journée du 29, y avait été inhumé, mais que le corps avait été exhumé et porté dans le caveau de la nef de l'église Saint-Eustache.

Je déclare que j'ai employé tous les moyens qui ont été en mon pouvoir pour recueillir et pour donner des renseignemens sur les personnes tuées dans les combats du mois de juillet, et que, dans l'intérêt de leurs familles, j'ai invité MM. les commissaires de police et les personnes qui m'ont aidé dans ce pénible travail à m'en-

---

(1) J'ai su depuis par lui-même, attendu qu'il m'était resté inconnu, que ce garde national était le sieur Pierre Bainse, marchand grainetier, demeurant rue du Marché-aux-Poirées, n° 21.

voyer ceux qu'ils sauraient avoir à déplorer la perte d'un parent, d'un ami, ou sur le sort desquels ils auraient de l'incertitude, et qu'ainsi j'ai eu la satisfaction de faire constater un grand nombre de décès.

Ici cesse mon douloureux ministère, j'en ai rapporté toutes les circonstances intéressantes. Certain que la vérité préside à ce récit, je prie MM. les membres de la commission pour les Récompenses nationales de l'accueillir avec bienveillance (1), et d'être assurés que je n'y attache d'autre mérite que celui d'avoir payé ma dette à la patrie et rempli un devoir d'humanité.

T.

Paris, le 28 septembre 1830.

(1) Je déclare ici que si cet écrit a été soumis à la commission dite des Récompenses nationales, ce que j'ignore, il lui a été communiqué comme renseignement utile, par M. Viguier aîné, ci-devant nommé, lequel m'a honoré, ainsi que son frère, alors adjoint du quatrième arrondissement, d'un touchant intérêt, qu'il me serait impossible d'oublier, lors de la cessation courte mais forcée de mes fonctions, en septembre 1830. Je n'ai rien sollicité ni reçu de cette commission qui me fit appeler devant elle le 23 novembre, sans m'en avoir fait connaître le motif, alors qu'elle siégeait dans les ruines du palais archiépiscopal de Paris. J'ai expliqué suffisamment, d'ailleurs, au commencement de cet écrit, en quelles circonstances et pourquoi je l'ai rédigé.

PIÈCES JUSTIFICATIVES.

PROCÈS-VERBAUX

ET ACTES OFFICIELS

CONSTATANT

LES INHUMATIONS PROVISOIRES DES VICTIMES

DES ÉVÉNEMENS DE JUILLET 1830,

FAITES SUR LE TERRITOIRE DU 4ᵉ ARRONDISSEMENT
MUNICIPAL DE LA VILLE DE PARIS.

DÉLÉGATIONS.

N° 1.

VILLE DE PARIS.

MAIRIE

DU QUATRIÈME ARRONDISSEMENT.

Nous, maire du 4ᵉ arrondissement de Paris, autorisons le sieur Troche, chef des bureaux de l'état civil de notre arrondissement, et le commettons à l'effet de se transporter sur les différens endroits de l'arrondissement pour faire enlever les corps des personnes décédées et faire procéder à leur inhumation.

Donné à la mairie, le vingt-neuf juillet mil huit cent trente.

Signé : GUITON.

Vu pour légalisation de la signature de M. Guiton, ancien maire du quatrième arrondissement, apposée en l'autre part,

Paris, le 28 août 1830.

Le conseiller d'état préfet,

Signé : O. BARROT.

N° 2.

VILLE DE PARIS.

MAIRIE

DU QUATRIÈME ARRONDISSEMENT.

Le maire du 4ᵉ arrondissement de Paris commet le sieur Troche, chef des bureaux de l'état civil de cet arrondissement, pour faire enlever d'un endroit en dedans des palissades qui ferment les constructions commencées à l'entrée de la rue Froidmanteau, vis-à-vis de la maison du sieur Michel, restaurateur, les corps qui y sont déposés, et pour les faire conduire et inhumer dans le grand carré au-devant de la colonnade du Louvre, du côté du quai, où, depuis ce matin, on a déjà ouvert des fosses et inhumé un certain nombre de corps.

A Paris, en mairie, le 30 juillet 1830.

Signé : CHAMPION, adjoint.

Vu pour légalisation de la signature de M. Champion, ancien adjoint au maire du 4ᵉ arrondissement, apposée en l'autre part.

Paris, le 28 août 1830.

Le conseiller d'état préfet,

Signé : O. BARROT.

N° 3.

VILLE DE PARIS.

MAIRIE

DU QUATRIÈME ARRONDISSEMENT.

———

Le 31 juillet 1830.

J'autorise M. Troche, chef des bureaux de l'état civil du 4ᵉ arrondissement municipal, à faire les perquisitions nécessaires sur cet arrondissement pour reconnaître les inhumations provisoires qui auraient été faites par les particuliers, à s'assurer qu'elles ne compromettent point la salubrité publique, et, dans le cas où elle se trouverait compromise, à employer promptement les moyens les plus efficaces pour y remédier ; à faire ensevelir les corps morts qui n'auraient pas encore reçu la sépulture.

M. Troche se fera assister dans ce travail important par M. le docteur Laviletelle et par M. Duplessis, pharmacien herbager, qui dans ces dernières circonstances a déjà donné des preuves si éclatantes de dévoûment.

Signé : **F. CADET DE GASSICOURT,**

1ᵉʳ Adjoint au maire.

Vu pour légalisation de la signature de **M.** Cadet de Gassicourt, adjoint au maire du 4ᵉ arrondissement, apposée en l'autre part.

Paris, le 28 août 1830.

Le conseiller d'état préfet, Signé : O. BARROT.

N° 4.

VILLE DE PARIS.

MAIRIE

DU QUATRIÈME ARRONDISSEMENT.

---

29 JUILLET 1830.

PRÉAMBULE DES PROCÈS-VERBAUX D'INHUMATION.

L'an mil huit cent trente, le jeudi vingt-neuf juillet, dix heures du matin.

Nous, Barthélemy Guiton, régent de la Banque de France, maire du 4e arrondissement de la ville de Paris ; Georges Champion , notaire, et Marie-François Jannon, ancien négociant ; ces deux derniers adjoints de la même mairie, tous, en raison des circonstances, constitués en l'hôtel de la mairie, place du Chevalier-du-Guet, n° 4, avons ouvert le présent procès-verbal destiné à constater les inhumations dans un lieu convenable, des individus tués dans les combats qui ont eu lieu à Paris hier et aujourd'hui, ainsi que des personnes décédées à domicile ; déclarant ici que nous sommes forcés d'ordonner les inhumations dont il s'agit sans l'autorisation de M. le procureur du roi, avec qui il ne nous est plus possible de communiquer, et ce dans l'intérêt de la salubrité publique , et attendu que le transport des cadavres dans l'un des cimetières de Paris est devenu impraticable, à cause des barricades établies dans les rues sur toutes les directions; et nous avons arrêté qu'un de nous se transporterait immédiatement place du marché des Innocens, en cet arrondissement, pour faire procéder en sa présence aux inhumations dans une fosse que nous avons fait ouvrir depuis quelques heures en ladite place.

Et avons signé.

Signé : GUITON, CHAMPION et M.-F. JANNON.

INHUMATION DE QUARANTE-HUIT CADAVRES, PLACE DU MARCHÉ DES INNOCENS.

En conséquence, nous, Georges Champion, adjoint au maire dudit 4e arrondissement, officier de l'état cicil, accompagné de M. Lavilletelle , docteur en médecine, attaché à ladite mairie pour la constatation des décès, de M. Troche, chef du bureau de l'état civil de cette mairie, et de M. Agy, ordonnateur des inhumations de cet arrondissement, nous nous sommes transporté dans le corps-de-garde des sapeurs-pompiers, ayant entrée sur la rue de la Poterie et faisant partie du bâtiment de la Halle-aux-Draps, à l'effet de pourvoir à l'inhumation des cadavres déposés dans ledit corps-de-garde.

Etant arrivé dans le bâtiment de la Halle-aux-Draps, accompagné comme dessus, nous avons trouvé gisant dans ledit corps-de-garde dix-sept cadavres pour la plupart nus ou n'ayant que des fragmens de vêtemens, lesquels avaient été ramassés sur le champ de bataille par M. Duplessis, ci-après nommé et qualifié, et dont plusieurs étaient morts entre ses mains, malgré ses soins et ceux de son épouse, et nous avons ordonné leur inhumation dans une fosse ouverte au milieu de la partie de la place du marché des Innocens qui se trouve entre la fontaine et les abris du marché du côté de la rue de la Lingerie, laquelle fosse a été ouverte en ce lieu sur la demande du sieur Duplessis, qui avait consulté à ce sujet MM. Brûlé, Jacob et Mothay, ses voisins, et sous la direction de M. Troche, nous proposant de prendre tous les moyens praticables au milieu des circonstances difficiles actuelles, pour rechercher et découvrir l'identité des individus décédés.

Nous nous sommes rendu ensuite, avec MM. Lavilletelle, Troche et Agy, sur ladite place des Innocens, auprès de la fosse ouverte, sur une étendue de douze pieds de long sur sept de large, et à une profondeur d'environ dix pieds, et nous y avons fait transporter successivement du corps-de-garde susdésigné les cadavres à inhumer.

Dès notre arrivée au bord de la fosse, et pendant que l'on a procédé aux inhumations, on a apporté également sur la place du marché, de divers points de l'arrondissement, d'autres cadavres de personnes trouvées mortes en différens lieux.

Et attendu qu'il est impossible d'établir aucun ordre ni série dans une aussi grande quantité d'individus dont les cadavres déjà en putréfaction plus ou moins avancée menaçaient la salubrité publique, nous avons procédé immédiatement aux inhumations de la manière suivante :

N° 1. Un individu d'environ cinquante-cinq ans, frappé d'un coup d'arme à feu à la poitrine et d'un autre à la cuisse gauche.

N° 2. Un autre, d'environ quarante ans, portant un bandage inguinal droit, ayant une plaie d'arme à feu à l'épigastre.

N° 3. Un autre, d'environ quarante ans, ayant une plaie d'arme à feu à la poitrine.

N° 4. Un autre, d'environ vingt-cinq ans, ayant une plaie d'arme à feu au côté gauche de la poitrine.

N° 5. Un autre, déclaré être N.-H. Perrin, commissionnaire, porteur d'une médaille numérotée 9,272, ayant une plaie d'arme à feu au côté droit de la poitrine.

N° 6. Un autre, déclaré être Vidalin, garçon d'hôtel garni, rue de la Bibliothèque, âgé d'environ trente ans, ayant une plaie d'arme à feu à l'épaule droite.

N° 7. Un autre, déclaré être François Durand, ouvrier vermicellier, rue de la Poterie, n° 5, âgé d'environ soixante-trois ans, ayant une plaie d'arme à feu au dos.

N° 8. Un autre, âgé de trente-trois ans, ayant une plaie d'arme à feu au côté gauche du ventre.

N° 9. Un autre, d'environ trente ans, ayant une plaie

d'arme à feu à l'aisselle gauche, qu'on nous a déclaré se nommer Joseph Brossolette, être marchand de friture et demeurer rue de la Bibliothèque, n° 16.

N° 10. Un autre, déclaré être Georges-Germain Chaudey, âgé de quarante-trois ans, ouvrier cordonnier, rue Tirechape, n° 15, ayant une plaie d'arme à feu à la figure; duquel individu l'acte de décès a été dressé à la mairie du 4ᵉ arrondissement, à la date de ce jour.

N° 11. Un autre, déclaré être Jean-François Brizevin, âgé de trente-trois ans, cordonnier, demeurant rue de la Cossonnerie, n° 30, dont l'acte de décès a été dressé à la mairie, sous la date de ce jour.

N° 12. Un autre, déclaré être François Fourcaud, âgé de trente-quatre ans, ouvrier typographe, demeurant rue des Grands-Degrés, n° 14.

N° 13. Un militaire d'environ trente ans, portant à son linge le n° 3,663, ayant une plaie d'arme à feu au crâne.

N° 14. Un autre, d'environ vingt-huit ans, ayant une plaie d'arme à feu à la figure, et paraissant être militaire.

N° 15. Un autre, d'environ vingt-huit ans, portant sur un fragment de linge le n° 2,740, ayant une plaie d'arme à feu à l'œil gauche.

N° 16. Un autre, d'environ vingt-cinq ans, paraissant être un militaire, ayant une plaie d'arme à feu au ventre.

N° 17. Un autre, d'environ trente-six ans, portant sur un fragment de linge le n° 3,737, lettre U, ayant une plaie d'arme à feu à l'épaule.

N° 18. Un autre, d'environ vingt-six ans, portant à

son linge le n° 4,650, et au revers d'un col en étoffe noire, le nom de Lombardigny, ayant une plaie d'arme à feu au crâne.

N° 19. Un autre, d'environ vingt-quatre ans, portant sur un fragment de linge le n° 3,977, ayant une plaie d'arme à feu à la hanche droite.

N° 20. Un autre, déclaré être un soldat du 5ᵉ régiment d'infanterie de ligne, âgé d'environ vingt-huit ans, ayant une plaie d'arme à feu à l'abdomen.

N° 21. Une femme, déclarée être Anne-Adélaïde Flisé, demeurant rue Saint-Honoré, n° 197, dont l'acte de décès a été dressé à la mairie du 4ᵉ arrondissement, hier vingt-huit juillet.

N° 22. Un individu, déclaré être le sieur Aimé-Théodore Cave-Chamot, âgé de trente-quatre ans, marchand, place du marché des Innocens, n° 2, dont l'acte de décès a été dressé à la même mairie, cejourd'hui.

N° 23. Une femme, déclarée être Marie-Eléonore-Julie Langlantier, veuve de Jean-Pierre Ango, demeurant rue des Fossés-Saint-Germain-l'Auxerrois, n° 22, dont l'acte de décès a été dressé à ladite mairie, hier vingt-huit juillet.

Nous étions à ce nombre vers sept heures du soir, lorsqu'il nous a été amené une voiture de la boulangerie mécanique, venant du dehors du 4ᵉ arrondissement, et contenant seize cadavres en dissolution fort avancée, pour la plupart nus, et quelques-uns ayant des fragmens de vêtemens en lambeaux, sur lesquels on n'a pu fournir aucune espèce de renseignemens, parce qu'ils avaient été recueillis en différens lieux. Nous avons reconnu, attendu l'heure avancée et le danger pour la salubrité publique de prolonger trop long-temps l'opération des inhumations, qu'il était urgent de la faire continuer immédiatement, et nous avons été forcé de renoncer à prendre des renseignemens et des notes qui d'ailleurs auraient été trop vagues pour être d'aucune utilité, et nous avons fait placer dans la fosse les seize cadavres contenus dans ladite voiture.

Pendant cette dernière opération, on a successivement apporté des cadavres nus, ou n'ayant que des lambeaux de vêtemens, au nombre de neuf, parmi lesquels s'en trouvaient sept provenant de l'ambulance établie dans l'église Saint-Germain-l'Auxerrois ; lesquels ont été pareillement inhumés dans ladite fosse.

Nous constatons ici que nous avons trouvé sur le bord de la fosse un grand nombre d'ossemens qui en avaient été extraits avec les terres lors de la fouille opérée dans la matinée ; que nous avons d'abord fait recueillir avec beaucoup de soin tous ces ossemens, et les avons fait placer au fond de la fosse ; qu'ensuite, et avant de commencer les inhumations, nous avons fait jeter au fond de ladite fosse une quantité assez considérable de chaux sèche, sur laquelle nous avons aussi fait verser de l'eau pour en opérer la dissolution ; que nous avons aussi fait verser une grande quantité de chlorure désinfectante de Labarraque ; que les corps ont été placés à côté les uns des autres par lits dans toute l'étendue de la fosse, et qu'entre chaque lit de corps nous avons fait répéter l'opération de dissolution de chaux ; qu'enfin nous avons fait étendre sur toute la surface de la fosse un dernier lit de chaux également mise en dissolution, et fait rapporter une partie de terre pour recouvrir le tout.

Tout ce que dessus a été fait en présence de M. Rodrigue Duplessis, pharmacien-herboriste, demeurant à Paris, rue de la Lingerie, au coin de la rue de la Poterie ;

M. Etienne Royer, maître serrurier, demeurant rue de la Limace, n° 10 ;

M. Antoine Mandosse de Riom, demeurant rue de la Lingerie, n° 15 ;

M. Fassy, fleuriste, demeurant rue aux Fers, n° 24 ;

Et M. Pierre Laforgue, tailleur, demeurant rue Saint-Honoré, n° 4.

Nous avons suspendu la présente opération vers les dix heures du soir, et avons arrêté le présent procès-verbal constatant l'inhumation de quarante-huit cadavres, qui a été signé par *MM. Lavilletelle, Troche* et *Agy*, par *les témoins*, et par nous, après lecture faite.

Ainsi signé : Duplessis , Royer , Mandosse , Fassy, Laforgue, Lavilletelle, Troche, Agy et Champion.

N° 5.

30 JUILLET 1830.

INHUMATION DE SEPT CADAVRES, PLACE DU MARCHÉ DES INNOCENS.

Et le vendredi, trente juillet mil huit cent trente, neuf heures du matin, **nous**, Marie-François Jannon, adjoint au maire du 4e arrondissement de la ville de Paris, officier de l'état civil, accompagné de MM. Lavilletelle, Troche et Agy, dénommés et qualifiés au procès-verbal en date du jour d'hier et des autres parts, nous nous sommes transporté sur la place du marché des Innocens, auprès de la fosse qui a servi aux inhumations opérées dans la journée d'hier.

Où étant, il nous a été amené sept cadavres, dont cinq trouvés sur divers points de l'arrondissement ; le sixième nous a été déclaré être celui de Pierre Bourlier, garçon boucher, demeurant rue aux Fers, n° 38, dont le décès a été constaté cejourd'hui aux registres de l'état civil du 4e arrondissement ; et le septième, qui nous a été déclaré être le corps de Claude Simon Dufourneau, cordonnier, rue de la Cossonnerie, n° 28. Les six premiers individus paraissent être morts dans la journée d'hier par suite de blessures d'armes à feu dont ces cadavres portent les traces ; et après avoir invoqué inutilement les renseignemens que les circonstances pouvaient nous permettre d'obtenir sur l'identité des cinq individus trouvés en divers lieux de l'arrondissement, nous avons ordonné l'inhumation immédiate desdits sept cadavres, à cause de l'urgence dans l'intérêt de la salubrité publique.

A cet effet, nous avons fait enlever la terre qui couvrait la fosse jusqu'au dernier lit de chaux, nous avons fait placer sur la chaux les sept corps à côté les uns des autres, et après avoir fait jeter sur ces cadavres une quantité suffisante de chaux sèche, sur laquelle on a versé de l'eau pour la faire dissoudre et de la chlorure désinfectante, nous avons fait remplir la fosse par une partie des terres qui en avaient été extraites, jusqu'à une épaisseur d'environ quatre pieds, et l'avons fait niveler à cette épaisseur avec le pavé de la place.

Ce fait en présence desdits J.-J. Duplessis, Royer, Mandosse, Fassy et la Fargue, témoins dénommés au procès-verbal qui précède.

De ce que dessus a été dressé le présent procès-verbal, clos vers les onze heures du matin, et nous avons signé avec *MM. Lavilletelle, Troche* et *Agy* et *les témoins*, après lecture faite.

Ainsi signé : LAVILLETELLE, TROCHE, AGY, LAFARGUE, ROYER, DUPLESSIS, MANDOSSE, FASSY et M.-F. JANNON.

---

30 JUILLET 1830.

INHUMATION DE VINGT-SIX CADAVRES,
PLACE DE LA COLONNADE DU LOUVRE.

Ledit jour vendredi, trente juillet mil huit cent trente, heure de midi.

Nous, Barthélemy Guiton, maire du 4e arrondissement de la ville de Paris, officier de l'état civil, nous sommes transporté, accompagné de MM. Lavilletelle, Troche et Agy, dénommés et qualifiés aux procès-verbaux en date d'hier et de cejourd'hui, qui précèdent, sur la place en avant de la colonnade du Louvre, du côté du quai du Louvre, où nous savions que, depuis le matin, on avait fait aussi une grande fosse destinée aux inhumations qui restent à faire, et que les mêmes empêchemens établis dans les rues ne permettent pas de pouvoir opérer dans les cimetières ; déclarant ici que nous avons adopté ce lieu de préférence à la place du marché des Innocens, comme étant plus vaste et plus aéré, et offrant plus de garantie pour la salubrité publique.

Où étant, accompagné comme dessus, quelques personnes ayant manifesté le désir de faire intervenir un prêtre, M. Troche s'est chargé d'aller au presbytère de Saint-Germain-l'Auxerrois pour en inviter un à venir rendre les devoirs de la sépulture chrétienne aux victimes des combats des jours précédens. En conséquence, M. l'abbé Paravey, l'un des prêtres de la paroisse Saint-Germain-l'Auxerrois, est venu dans ses habits de chœur pour bénir le lieu de la sépulture et réciter les prières de l'église pendant l'inhumation à laquelle nous avons fait procéder aussitôt, après avoir fait jeter au fond de la fosse une grande quantité de chaux sur laquelle on a versé de l'eau ; la dissolution opérée, nous avons fait placer successivement par lits de corps les cadavres que nous avons trouvés apportés sur le bord de la fosse dans un grand chariot couvert et dans une voiture de la boulangerie mécanique, et sept autres cadavres provenant du dépôt de l'église Saint-Germain-l'Auxerrois.

Il a été placé dans ladite fosse vingt-six cadavres d'hommes nus, à l'exception de quelques-uns qui portaient des fragmens de vêtemens en lambeaux, qui n'ont pu servir à les faire reconnaître d'aucune des personnes présentes, invitées par nous à fournir des renseignemens que l'intérêt de la salubrité publique ne nous a pas permis de solliciter plus long-temps, à cause de l'état de putréfaction de la plupart de ces cadavres. Entre chaque lit de corps il a été jeté de la chaux sèche, dissoute par l'action de l'eau; sur ce dernier lit on a étendu une dernière couche de chaux, et nous avons fait jeter par dessus autant de terre qu'il en a fallu pour combler la fosse, à l'épaisseur d'environ quatre pieds jusqu'au niveau du terrain.

Ce fait en présence de MM. Duplessis, Royer et Lafargue, témoins dénommés aux procès-verbaux qui précèdent, et encore en présence de M. Louis-Charles Dauvin, libraire, demeurant rue du Carrousel, n° 4.

De ce que dessus a été dressé le présent procès-verbal, clos à trois heures après midi, et nous avons signé avec *MM. Lavilletelle, Troche* et *Agy* et *les témoins*, après lecture, et avec M. l'abbé *Paravey*.

Ainsi signé : LAVILLETELLE, TROCHE, AGY, LAFARGUE, ROYER, DUPLESSIS, DAUVIN, PARAVEY, prêtre, et GUITON.

31 JUILLET 1830.

INHUMATION DU SIEUR RECEVEUR,
PLACE DE LA COLONNADE DU LOUVRE

Et ledit jour vendredi, trente juillet mil huit cent trente, cinq heures du soir, nous, Barthélemy Guiton, maire du 4ᵉ arrondissement, officier de l'état civil, accompagné de MM. Lavilletelle, Troche et Agy, dénommés et qualifiés aux procès-verbaux qui précèdent, nous sommes transporté sur la place de la colonnade du Louvre, côté du quai, où nous avons fait ouvrir, à côté de la fosse remplie par les inhumations qui ont eu lieu aujourd'hui, une nouvelle fosse à peu près de la même grandeur, pour y recevoir les corps des personnes décédées, dont l'inhumation ne peut avoir lieu dans les cimetières de la ville, et ce, jusqu'à ce que les empêchemens aient cessé.

Il a été apporté le corps du sieur Jacques-Philippe Receveur, matelassier, âgé d'environ soixante ans, demeurant rue de la Cordonnerie, nº 24, décédé en son domicile, et dont l'acte de décès vient d'être dressé à la mairie du 4ᵉ arrondissement. Nous avons fait placer ce corps au fond de la nouvelle fosse et l'avons fait couvrir de terre.

Dont acte que nous avons signé avec MM. Lavilletelle, Troche et Agy, après lecture faite.

Ainsi signé : Lavilletelle, Troche, Agy et Guiton.

INHUMATION DES SIEURS ROCTON ET POTIN, EXHUMÉS DE LA RUE DE LA CORDONNERIE, ET DU CORPS D'UN ENFANT, PLACE DE LA COLONNADE DU LOUVRE.

Et le samedi, trente-un juillet mil huit cent trente, deux heures après midi, nous, Marie-François Jannon, adjoint au maire du 4ᵉ arrondissement, officier de l'état civil, accompagné de MM. Lavilletelle, Troche et Agy, nous sommes transporté sur la place de la colonnade du Louvre, côté du quai, sur le bord de la nouvelle fosse ouverte ce matin.

Où étant, nous avons reçu les corps :

1° Du sieur François-Marie Rocton, cocher, demeurant rue de la Cordonnerie, nº 2, décédé par suite d'une blessure d'arme à feu, et dont l'acte de décès a été dressé à cette mairie cejourd'hui ;

2° Et du sieur Joseph-Félix Potin, fruitier, demeurant même rue de la Cordonnerie, nº 20, aussi décédé par suite d'une blessure d'arme à feu, et dont l'acte de décès a pareillement été dressé à la mairie du 4ᵉ arrondissement cejourd'hui.

Lesquels cadavres avaient été exhumés de la rue de la Cordonnerie au coin de celle du marché aux Poirées, où ils avaient été déposés dans une fosse creusée à la hâte, ainsi qu'il résulte du procès-verbal dressé par ledit sieur Troche, en date de ce jour.

Il nous a aussi été apporté le corps d'un enfant d'en-

viron deux mois, trouvé renfermé dans une bière sous
un tas de débris, dans la partie antérieure des bâtimens
de la Halle-aux-Draps, sans que nous ayons pu nous
procurer aucun renseignement sur l'individualité de cet
enfant.

Nous avons fait placer les corps des sieurs Rocton et
Potin et celui de l'enfant dans le fond de la nouvelle
fosse, à côté du corps du sieur Receveur.

Et attendu qu'il vient à notre connaissance que des
accès ont été pratiqués pour conduire les corps à inhumer de cet arrondissement au cimetière de l'Est, et que
déjà le corps du sieur Delaporte, décédé en cet arrondissement, à son domicile, suivant acte inscrit aux registres de l'état civil, vient d'être transféré dans le cimetière de l'Est, nous avons fait rejeter dans la nouvelle
fosse ouverte ce matin les terres qui en avaient été extraites et l'avons fait combler jusqu'au niveau du sol.

De ce que dessus nous avons dressé le présent procès-verbal, que nous avons signé avec *MM. Lavilletelle,
Troche* et *Agy*, après lecture faite.

Ainsi signé : Lavilletelle, Troche, Agy et M.-F.
Jannon.

CLÔTURE DES PROCÈS-VERBAUX.

Nous, maire et adjoints du 4ᵉ arrondissement de Paris, susdits et soussignés, avant de clore le présent procès-verbal, voulons reconnaître et publier le dévoûment
avec lequel nous avons été constamment assistés dans

nos fonctions par le sieur Troche, chef du bureau de l'état civil, qui a tout surveillé, et dont la santé a couru des risques très graves, ainsi que le zèle de MM. Lavilletelle, docteur en médecine, et Agy, ordonnateur des inhumations.

Nous nous plaisons aussi à rendre témoignage que M. Duplessis, pharmacien-herboriste, dénommé aux procès-verbaux des autres parts, s'est offert dès le premier moment pour nous assister ; qu'il n'a cessé, tant sur la place des Innocens que sur celle de la colonnade du Louvre, de fournir de sa boutique ou d'autres lieux, toujours à ses frais, les liqueurs et ingrédiens désinfectans, et la chlorure, pour empêcher ou au moins affaiblir les effets du méphytisme produit par la présence d'un grand nombre de cadavres, et de plus, au marché des Innocens, par la rupture, pendant la fouille, d'une quantité d'anciens cercueils ; qu'il a payé de ses deniers les ouvriers qui ont ouvert les fosses et qui ont transporté et inhumé les cadavres ; qu'enfin il a concouru puissamment au maintien de l'ordre, et a constamment aidé le sieur Troche dans les fonctions que nous lui avions départies.

Nous faisons aussi mention des services des sieurs Jean-Baptiste François et Jules Varin, élèves herboristes chez le sieur Duplessis, et du sieur Alexandre Magellan, habitant du quartier des Marchés, qui n'ont cessé de pourvoir à tout, ainsi que le sieur Pierre Lafargue, devant nommé.

Enfin nous déclarons que le sieur Dauvin, libraire, dénommé en l'un des procès-verbaux qui précèdent, a coopéré avec beaucoup de zèle aux inhumations faites sur la place de la colonnade du Louvre, et qu'il a assisté constamment M. l'abbé Paravey dans ses fonctions religieuses, conjointement avec M. Troche.

En foi de tout ce que dessus, ont été dressés les procès-verbaux des autres parts et le présent, dont il sera délivré extraits nécessaires à toutes parties intéressées, et que nous avons clos ledit jour samedi, trente-un juillet mil huit cent trente, à cinq heures du soir.

Et avons signé : CHAMPION, M.-F. JANNON et GUITON.

____

COPIES

DES

PROCÈS-VERBAUX

DEMEURÉS ANNEXÉS A CEUX CI-DESSUS ET DES AUTRES

PARTS TRANSCRITS.

N° 6.

VILLE DE PARIS.

MAIRIE

DU QUATRIÈME ARRONDISSEMENT.

PROCÈS-VERBAL D'EXHUMATION DES CORPS DES SIEURS ROCTON ET POTIN, DRESSÉ PAR LE SIEUR TROCHE.

L'an mil huit cent trente, le 31 juillet, à deux heures de relevée.

Nous, Nicolas-Michel Troche, chef des bureaux de l'état civil de la mairie de cet arrondissement, étant porteur d'une délégation de M. le maire nous autorisant à faire les perquisitions nécessaires sur l'étendue de cet arrondissement pour reconnaître les inhumations provisoires qui auraient été faites par des particuliers, et susceptibles de compromettre la salubrité publique ; ayant eu avis que les corps des nommés François-Marie Rocton, cocher, demeurant rue de la Cordonnerie, n° 2,

et Joseph Félix Potin, fruitier, demeurant rue de la
Cordonnerie, n° 20, tous deux morts par suite de blessures d'armes à feu, avaient été inhumés dans ladite rue
de la Cordonnerie, à l'encoignure de celle du marché
aux Poirées; avons requis M. René Fouqueré, commissaire de police du quartier des Marchés, de vouloir bien
nous assister, à l'effet de procéder à l'exhumation des
dits corps; à quoi obtempérant, étant en outre accompagné de MM. Lavilletelle, docteur en médecine, demeurant rue des Deux-Boules, n° 7, nous sommes transporté à l'endroit ci-dessus indiqué, où étant, ayant fait
ouvrir la fosse, en employant les précautions d'usage,
en avons fait extraire lesdits cadavres, et sur-le-champ
nous les avons fait transporter et déposer dans une fosse
ouverte sur un terrain dépendant du jardin dit de l'In-
fante, situé devant la colonnade du Louvre, du côté de
la rivière, où déjà d'autres inhumations ont été faites,
et nous les avons fait inhumer convenablement.

De tout quoi nous avons dressé procès-verbal pour
servir et valoir ce que de droit.

Et ont, mesdits sieurs Fouqueré, commissaire de
police, et Lavilletelle, docteur, signé avec nous après
lecture.

Ainsi signé : TROCHE, LAVILLETELLE et FOUQUERÉ.

POLICE ADMINISTRATIVE.

L'an mil huit cent trente, le trente-un juillet, trois heures un quart de relevée.

Nous, Claude-Jacques-Philippe François, ancien avocat et avoué au tribunal de première instance du département de la Seine, actuellement officier de police judiciaire, auxiliaire de M. le procureur du roi et commissaire de police de la ville de Paris, spécialement du quartier Saint-Honoré ;

Sur la réquisition de M. Troche, chef du bureau de l'état civil du 4ᵉ arrondissement municipal, porteur d'une délégation l'autorisant à faire les perquisitions nécessaires sur cet arrondissement pour reconnaître les inhumations provisoires qui auraient été faites par les particuliers, à s'assurer qu'elles ne compromettent point la salubrité publique, et, dans le cas où elle se trouverait compromise, à employer promptement les moyens les plus efficaces pour y remédier, etc. ;

Nous sommes transporté, accompagné de notre secrétaire, sur un terrain dépendant du Louvre, du côté de la rue Froidmanteau, à un endroit où vingt-une personnes ont été inhumées dans la journée d'hier. Nous étions assisté de M. Lavilletelle, docteur en médecine, demeurant rue des Deux-Boules, n° 7, qui accompagnait M. Troche, susdénommé.

Nous avons fait une enquête auprès des voisins et des assistans. Les sieurs Félix (Charles), cuisinier, demeurant rue des Petits-Pères, n° 3 ; Pouillot (François), marchand de meubles, rue Froidmanteau, et Rass (André-Henry), professeur de dessin, demeurant rue Froidmanteau, n° 5, nous ont donné des renseignemens desquels il résulte que la fosse où a eu lieu l'inhumation était un ancien trou à chaux, de douze pieds de profondeur, et qu'il y avait au moins quatre pieds de terre au-dessus des corps morts.

Néanmoins, voulant nous assurer d'une manière plus exacte s'il n'y avait point d'inconvénient et s'il n'échappait pas de la fosse des miasmes insalubres ; en faisant enlever une partie de la terre qui recouvrait les morts, nous avons fait creuser la terre jusqu'à deux pieds de profondeur, sans qu'aucune odeur se soit fait sentir.

Sur quoi M. Lavilletelle, M. Troche et nous, avons été d'avis qu'il n'y avait aucun danger d'insalubrité à craindre ; et toutefois, pour plus de sûreté, nous avons engagé les ouvriers présens à faire tomber sur la fosse une plus grande quantité de terre des environs où le terrain se trouvait élevé de beaucoup au-dessus du niveau de ladite fosse.

De tout quoi nous avons fait et dressé le présent procès-verbal, dont nous avons donné lecture à MM. Troche,

Lavilletelle, Pouillotte et Rass, lesquels y ont reconnu vérité et ont signé avec nous.

Le présent procès-verbal, dressé pour être remis à M. Troche, et servir et valoir ce que de raison.

Ainsi signé : TROCHE, LAVILLETELLE, POUILLOTTE, FÉLIX RASS et FRANÇOIS.

Pour copie certifiée conforme aux originaux déposés en notre mairie, délivrée par nous, maire du 4e arrondissement, soussigné, au sieur Troche, chef du bureau de l'état civil de notredit arrondissement, dénommé dans les procès-verbaux transcrits des autres parts et ci-dessus, et pour rendre hommage à son dévoûment.

Paris, le trente-un juillet mil huit cent trente.

Signé GUITON.

N° 7.

PAROISSE

ST-GERMAIN-L'AUXERROIS.

———

Je soussigné, prêtre administrateur des sacremens en la paroisse Saint-Germain-l'Auxerrois, certifie que le trente juillet dernier, environ deux heures après midi, M. Troche, chef des bureaux de l'état civil, et porteur d'une délégation de M. le maire du 4e arrondissement, à l'effet de faire inhumer les corps des malheureuses victimes dudit mois de juillet, est venu me trouver au presbytère, pour me prier de rendre aux parens et amis des morts le service de donner la sépulture chré-tienne auxdits morts, m'assurant de toute protection, tant par sa présence que par son mandat; qu'en effet j'ai trouvé à la porte du susdit presbytère quelques gardes nationaux armés, qui, sous le commandement du sieur Dauvin, libraire, avec lequel M. Troche s'était concerté pour cette pieuse cérémonie, nous ont escortés avec un silence et un respect tout à fait religieux, jusqu'à la place choisie, au pied de la colonnade du Louvre, pour l'inhumation des susdites victimes; que pendant cette inhumation ledit sieur Troche a eu un soin particulier de me préserver des miasmes de la putréfaction, en me faisant souvent respirer du vinaigre; que la cérémonie achevée, il m'a fait reconduire au presbytère avec les mêmes honneurs civils et militaires que j'en étais sorti, me procurant même l'avantage de témoigner à chacun de mon escorte, par des serremens de mains et même par des embrassemens, la vive et éternelle reconnaissance que j'en conserve à tous dans mon cœur.

En foi de quoi je me suis fait un devoir de lui donner le présent certificat, pour lui servir et valoir ce que de justice et raison.

Donné au presbytère, à Paris, le premier septembre dix-huit cent trente.

Signé PARAVEY, prêtre.

Je soussigné, curé de la paroisse Saint-Germain-l'Auxerrois, certifie que la signature apposée d'autre part, est véritablement celle de M. l'abbé Paravey, membre de mon clergé, et que foi doit être ajoutée à sa déclaration, dont les circonstances sont toutes à ma connaissance.

Paris, le douze septembre mil huit cent trente.

Signé MAGNIN,

Curé de St-Germain-l'Auxerrois.

FIN.

TABLE DES MATIÈRES.

[illegible]